"Sé tú mismo:
no hay
nadie más
disponible".

Esto lo dijo alguien sabio. Quizá fue Oscar Wilde, quizá fue Thomas Merton; nadie lo sabe con certeza. Pero ahora puedes empezar a decirlo tú y parecer

muy,

muy

inteligente.

Tabla de contenido

Por qué necesitas este libro (sin falsedades)

Clan: es una palabra que, aunque sea cortita y parezca sencilla, a veces (como un vampiro) puede ser una verdadera chupasangre. *Clan* rima con *afán*. Cuidado con el afán por pertenecer a un clan en la escuela.

Puede definirse así:

> **CLAN** (sustantivo): un grupo reducido y *exclusivo* de personas con intereses y opiniones comunes

Exclusivo significa que tiene la capacidad de *excluir* a determinadas personas, o dejarlas afuera. Así que a los clanes les gusta cerrarles la puerta en la cara a los demás. ¡BLAM!

Los clanes pueden hacerte sentir

EXCLUIDO

ASUSTADA

solo

preocupada

enojado

indeseable

triste

sin amigos

PRESIONADA

Cualquiera de esos sentimientos te dificulta divertirte, prestar atención en la escuela o sentirte seguro de ti mismo.

Si te molestan los clanes, este libro es para ti. Si te mueres por pertenecer a un clan, este libro también es para ti. Incluso si eres parte de un clan, puedes aprender algo con este libro.

Este libro explica qué son los clanes, qué hacen y qué puedes hacer *tú* con *ellos*. También habla sobre los amigos, esas personas importantes a las que no les molesta que hagas tonterías o cometas errores. Aprenderás que tener buenos amigos no siempre es lo mismo que ser popular o estar en un clan. También descubrirás que la mejor manera de llevarse bien con los demás —en la escuela o en cualquier otra parte— es siendo amable y respetuoso.

Y lo mejor de todo, verás que ser tú mismo —y no otra persona— puede ayudarte a crecer con más confianza.

Capítulo 1

¿Estás harto de los clanes?

¿Algún clan de tu escuela te hace sentir furioso, inquieto y con el estómago un poco revuelto?

Si algún clan te está causando problemas, quizá tengas **vomitis clanitis**, también conocida como el mal de los clanes. Tal vez te den ganas de devolver porque un clan se puso "clanoso". Esto quiere decir que los miembros del clan:

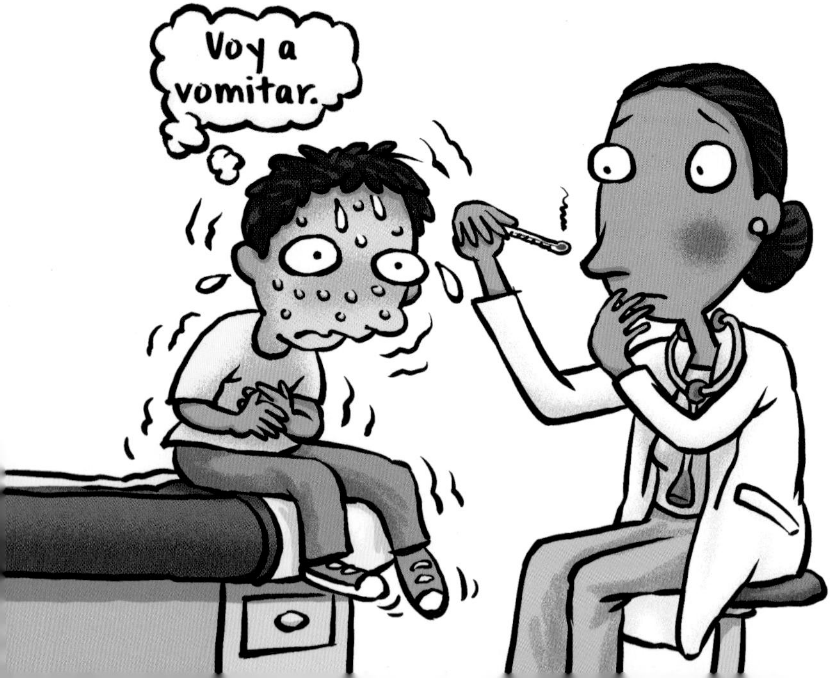

1. Dejan afuera a otros chicos a propósito.
2. Actúan como si fueran mejores que el resto.
3. Imponen reglas o normas que dicen cómo los demás "deben" vestirse, comportarse o ser.

La vomitis clanitis puede darte ganas de faltar a clase. Cuesta mucho levantarse de la cama y hacer frente a otro día si piensas que no encajas. Pero cada día es una oportunidad más para superar ese problema. Tal vez te resulte útil estudiar en más detalle por qué un clan es como es.

Las particularidades de los clanes

¿Recuerdas la definición de "clan" de la página 1? Mencionamos una palabra importante: *exclusivo*. Un clan *excluye* a los demás, es decir, los deja afuera.

Un clan no es como un "grupo de amigos". Quizá tengas algunos amigos cercanos con los que pasas el rato. Tal vez viven cerca, practican el mismo deporte o van al mismo club, almuerzan juntos y comparten intereses. No hay nada malo en eso, sobre todo si dejan que otros se sumen.

Un clan toma otro enfoque. Es pegajoso: todos están pegoteados unos con otros. Los miembros de un clan están casi siempre juntos. Quizás ocupen una mesa entera para almorzar o bloqueen el paso en el pasillo porque caminan uno al lado del otro. El mensaje es: "Nosotros estamos **ADENTRO.** Ustedes están **AFUERA**".

Los especialistas dicen que algunos clanes actúan así para sentir que tienen más fuerza y más poder. Los miembros del clan quizá se sientan mejor consigo mismos si dicen: "No nos juntemos con ellos".

Piensa en los lobos, que forman manadas en la naturaleza. Los clanes no son tan peligrosos, pero la idea es la misma. Se quedan pegoteados porque estar juntos les da seguridad. Ser "clanosos" puede hacer que el clan *parezca* un lugar seguro (porque ser parte de un grupo es una forma de protección).

Entonces ¿los demás se quedan afuera porque los miembros del clan son “mejores”?

¡NO!

Los que están en clanes no son “mejores”, ni están “por encima” de nadie ni son “más” que nadie. Los que no están en clanes son igual de importantes que los que sí. Esa es la *verdad*, por más que a ti no siempre te parezca verdad.

El mito N.º 1 de los clanes

Los chicos de los clanes son los más seguros, felices y populares de todos.

Algunos miembros de un clan pueden tener mucha confianza y autoestima. Pero otros son inseguros, y ser parte de un grupo los hace sentir mejor. Es común que los miembros de los clanes se preocupen mucho por su aspecto, su comportamiento y lo que los demás piensan de ellos (*dentro* y *fuera* del grupo). ¡Eso genera mucha presión! Entonces, esos chicos quizá parezcan estar felices, pero por dentro sienten una presión muy intensa. Y eso no tiene nada de divertido.

También es un mito que quienes están en clanes siempre son populares. En realidad, quizá les cueste llegar a conocer a otros compañeros si están todo el tiempo con las mismas personas. Eso del "pegoteo" puede terminar siendo aburrido.

Otro mito de los clanes

Los clanes son fáciles de detectar.

Algunos clanes actúan en internet. Y por eso son un poco invisibles. Las personas que forman parte de clanes en internet se esconden detrás de la pantalla de su computadora y pasan el rato rebajando a los demás en las redes sociales. Con *un solo clic*, chismosean, difunden rumores, hacen comentarios agresivos o publican palabras e imágenes hirientes. Para evitar este tipo de interacciones, ten cuidado con lo que haces cuando estás en línea. No uses redes sociales sin el permiso de tus padres, y procura usar correctamente los ajustes de seguridad. Presta atención a lo que publicas y lo que respondes a los demás. Nunca compartas tus contraseñas, ni siquiera con tu mejor amigo. Así es como puedes protegerte en internet.

Cosas raras que hacen los clanes

1: Siempre están en grupo. Van juntos a todos lados, como un rebaño de vacas.

¿Por qué querrían comportarse como un animal que pasa ocho horas al día rumiando? (Vomita pasto y después lo vuelve a tragar).

2: Los clanes tienen reglas. Las reglas dicen quién está en la onda y quién no, y qué cosas están permitidas y cuáles no.

Algunas reglas son muy ridículas. Por ejemplo, quizá los miembros de un clan se presionen entre ellos para fumar o beber alcohol. Tal vez acosen a otros. Quizá se obliguen entre ellos a contarse secretos. Tal vez se rían de los errores del otro o se critiquen por tratar de hacer amigos nuevos. ¿Quién necesita *más reglas* de las que ya existen, en especial si te hacen sentir mal?

3: Los clanes tienen líderes. Los líderes imponen reglas que todos deben respetar (por más ridículas que sean).

¿Los miembros de un clan no están grandes ya para jugar a Sigan al líder?

4: Los clanes tienen un código de vestimenta. Casi todas las personas del clan usan el mismo tipo de calzado, camisetas, vaqueros, chaquetas y gorras.

Quizá tengan que usar tenis enormes que parecen botas para la nieve.

Prueba esto: di la palabra "clan" rápido diez veces. Te darás cuenta de que pareces una máquina o un robot. Mmm... ¿qué te dice eso?

No eres un robot. No eres una vaca ni una oveja que tiene que seguir al rebaño. No eres de esas personas que están todas cortadas con la misma tijera y son todas iguales. ¡Eres TÚ! Puedes aprender a no enredarte con los clanes. Puedes hacer amigos y *ser buen amigo*. Sigue leyendo para descubrir cómo.

Capítulo 2

¿Por qué existen los clanes?

Hay algunos clanes que se comportan como si fueran los **REYES** de la **ESCUELA.** (O del vecindario. O del centro comercial. O de la cancha de baloncesto. O de las redes sociales). Pueden molestar a determinadas personas o **echarles tierra.** Quizás incluso te hagan eso a *ti*.

¿Por qué pasa eso? ¿Es porque los clanes están llenos de gente mala, fea y horrible? (En realidad, no). ¿Es porque su principal objetivo en la vida es amargarte? (Nop).

Para entender a los clanes, debes saber por qué existen. Si se determina el *porqué* de algo, puede ser más fácil entenderlo.

Los clanes existen porque todos, sin importar a qué edad, quieren tener amigos. A todos nos gusta sentir que *pertenecemos a algo*. Así es la naturaleza humana. Ser parte de un grupo nos da una sensación de seguridad, confianza y positividad.

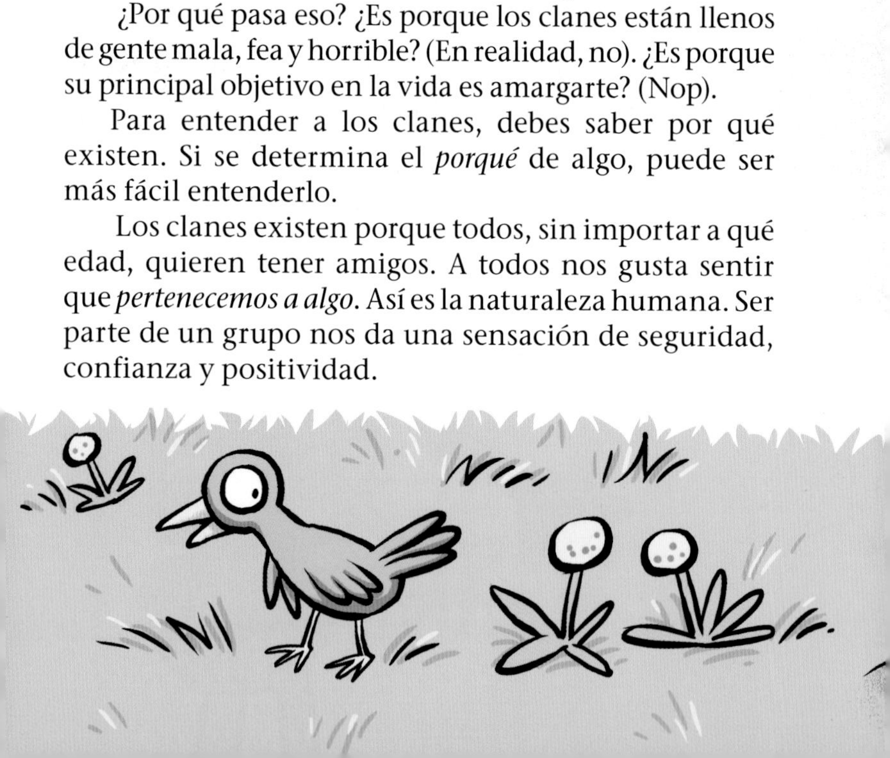

Raro pero real

Algunas personas hacen cosas **muy raras** para encajar en un grupo. Mira a Trevor, por ejemplo. Cuando estaba en octavo grado, quiso entrar en el "clan de los fumadores" de la peor forma posible. Pensó que esos chicos eran geniales y rudos, y quería estar con ellos. Así que intentó fumar una vez y casi vomitó. Aprendió que esa no era una buena forma de hacer amigos.

Luego, se puso a dar volteretas y hacer tonterías para que sus compañeros le prestaran atención. Eso terminó en un desastre cuando ¡se le cayeron los pantalones delante de un montón de personas! Se dio cuenta de que hacerse el payaso tampoco estaba bueno.

Otra forma en que Trevor intentó hacer amigos y encajar en un grupo fue fingir que su familia era muy rica. Les contó a unos chicos de la escuela que vivía en una mansión con una piscina olímpica climatizada porque quería que pensaran que él era importante. Todos quedaron impresionados, hasta que lo fueron a visitar de sorpresa. Trevor vivía en una casa pequeña, y lo más parecido a una piscina que había en el patio era una fuente para aves. Se sintió mal cuando sus compañeros supieron la verdad. Había fingido ser lo que pensaba que los demás *querían* que él fuera. Al final, se dio cuenta de que estaba siendo falso.

Elizabeth también tuvo varios encontronazos con los clanes en la escuela intermedia. Cambió su pelo, la ropa, el calzado, los gustos musicales, la actitud... todo para ser como las chicas de un clan grande. ¡Incluso cambió su letra! Tardaba el triple en escribir por culpa de eso. Cosa que no era nada útil en los exámenes...

¿Valieron la pena todos esos cambios? Durante unos meses, Elizabeth pensó que sí. Después se dio cuenta de que en realidad no le agradaban las chicas del clan, y tampoco le agradaba cómo era *ella* cuando estaba en el clan. Y, en realidad, las chicas del clan no querían ser sus amigas a menos que se vistiera y se comportara como ellas. **¿Y sabes qué?** Se sintió bien cuando volvió a escribir con su letra de siempre y a escuchar la música que le encantaba.

¿Ya te diste cuenta de que Trevor y Elizabeth somos nosotros, los autores del libro? Así es, estas son nuestras experiencias con los clanes y por eso decidimos escribir este libro.

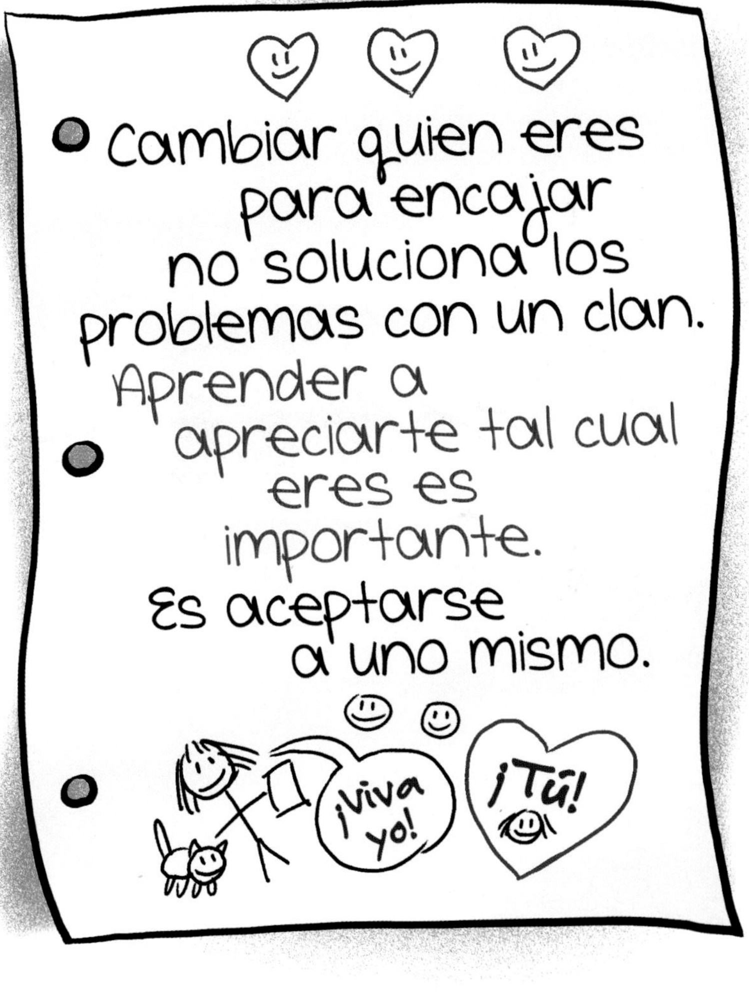

Los clanes *siempre* han sido un problema

Escucha a los adultos que te rodean: han tenido que enfrentarse a clanes igual que tú. (La mayor diferencia es la ropa que usaban los clanes en esa época).

Pregúntales sobre su experiencia con los clanes. Podrías hablar con uno de tus padres, un pariente adulto, un maestro o incluso con el director de la escuela. Es casi seguro que hayan lidiado con clanes cuando eran chicos. Verás que, en algún momento, casi todos los adultos intentaron actuar de cierta forma o cambiar de cierta manera para encajar en un grupo.

Cambiar para ser parte de un grupo quizá funcione por un tiempo. Pero, en ese proceso, podrías perder la noción de quién eres en realidad. Es como si todos los días te despertaras pensando: "¿Cuáles eran las reglas? ¿Cómo tengo que actuar? ¿Está bien así? ¿Lo hago bien?". ¡¡¡Aghhhh, ayuda!!!

No estás en otro planeta. Pero puedes sentirte así si no sabes quién eres en realidad o cómo quieres ser.

Toda esa presión por encajar es la razón por la que algunos niños y adolescentes están en clanes (o siempre buscan entrar a alguno). Muchas veces, solo quieren ser como los demás. Están allí, pero más en un segundo plano y no tanto como personas independientes... y esa es una forma de protegerse.

4
1
3

Capítulo 3

La falsedad es una mala cualidad

¿Qué es ser *falso*? Ser falso es fingir. Es lo contrario de ser auténtico.

Si ves que alguien actúa, habla, se viste o se comporta de cierta manera para seguir a la manada (o al clan), es probable que esa persona esté siendo falsa.

Una vez, una chica fingió que tocaba la guitarra en una banda aunque no sabía nada de guitarras. Se esforzó mucho para ser genial: usaba aretes colgantes, ropa negra y gafas oscuras (aunque estuviera dentro).

Un día, el grupo con el que se juntaba le pidió que tocara la guitarra, y ella tuvo que inventar una excusa. Hizo de cuenta que tenía un esguince en un dedo y anduvo con el dedo vendado durante tres semanas para engañar a todos. El día que se quitó la venda, sus amigos le pidieron que se sumara a su banda de música. ¿Qué alternativa le quedaba más que decir la verdad? Estaba avergonzada y se sentía falsa.

Cómo detectar falsedades

Cuando las personas están siendo falsas,

Fingen ser alguien que no son.

Aceptación es lo que más buscan.

La imagen es algo que deben conservar.

Solo quieren impresionar a los demás.

ARGH

Las personas que tienen una actitud falsa son fáciles de reconocer. Resaltan como M&M azules en una *pizza* de *mozzarella*.

Cuestionario: ¿estás siendo falso?

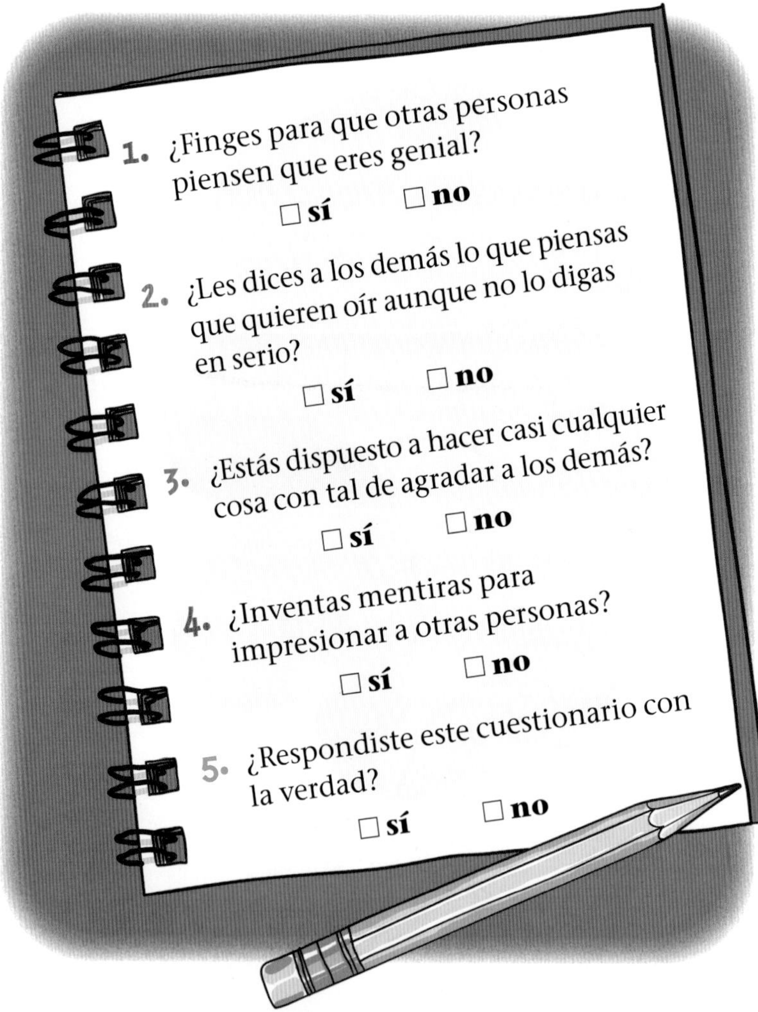

1. ¿Finges para que otras personas piensen que eres genial?
☐ sí ☐ no
2. ¿Les dices a los demás lo que piensas que quieren oír aunque no lo digas en serio?
☐ sí ☐ no
3. ¿Estás dispuesto a hacer casi cualquier cosa con tal de agradar a los demás?
☐ sí ☐ no
4. ¿Inventas mentiras para impresionar a otras personas?
☐ sí ☐ no
5. ¿Respondiste este cuestionario con la verdad?
☐ sí ☐ no

¿Respondiste que sí a las preguntas 1, 2, 3 o 4 del cuestionario? Entonces no eres tu VERDADERO YO. Si te preocupa mostrarle al mundo cómo eres en realidad, no eres el único. A muchos chicos les pasa lo mismo.

Si estás siendo falso, quizá sea porque piensas que es una forma de encajar en un clan o ser aceptado por el grupo. Pero ¿para qué vas a fingir ser otra persona? Ser falso es como usar una máscara todo el tiempo. Puede resultar muy incómodo.

Yo
los dragones
barbudos

Ser tú mismo

Para ser tú mismo, tienes que *conocerte*. También es bueno que te aprecies. Muchas personas pasan toda la vida aprendiendo a apreciarse tal como son y a no dudar de sí mismas. Puedes tomar ventaja en el camino de la aceptación si empiezas ya mismo.

Si te gusta cómo eres, tendrás más confianza en ti mismo. Cuando te tienes confianza, se nota. Puedes mirar a los demás a los ojos, andar con la frente en alto y decir lo que piensas. Te sientes bien por dentro y por fuera. Y lo mejor de todo: a las personas les agradarás por ser **tú.**

Haz una lista que te ayude a conocerte mejor. Usa las siguientes preguntas como guía. Al responderlas, no pienses en lo que dirían tus amigos o tus compañeros de clase. Tampoco en lo que tus padres podrían desear para ti. Solo responde con sinceridad y descubre más cosas sobre ti.

Ahora pregúntate: "¿Estoy haciendo lo que me gusta? ¿Hago actividades que me hacen sentir bien por como soy y lo que aporto? ¿A quién más le gusta hacer lo mismo? ¿Con quién puedo compartir estas actividades?".

Cuando encuentras a otras personas a las que les gusta hacer lo mismo que a ti, la diversión es doble. O triple... o cuádruple. Tendrás sensación de pertenencia.

Y puedes dejar atrás la **MALA CUALIDAD DE LA FALSEDAD.**

¿En qué crees?
¿Qué te gusta y qué no?
¿Cuáles son tus actividades favoritas y por qué?
¿Qué sabes hacer bien?
¿Cómo te diviertes?
¿Qué te levanta el ánimo?
¿Qué te hace sentir optimista y feliz?

Capítulo 4

¡Amigos de verdad!

Quienes tienen amistades sólidas se sienten mejor consigo mismos y están más contentos que quienes no las tienen. Eso es porque los amigos ofrecen ayuda y apoyo. Está bueno hablar con amigos y es divertido estar con ellos.

Cuando le agradas a otra persona, es más fácil para **TI** apreciarte, y el mundo se vuelve un lugar más bonito.

¿Tus amistades son verdaderas?

A los amigos *de verdad* les gusta cómo eres *de verdad*. No tienes que impresionarlos ni ser falso con ellos. Eso es lo bueno de tener amigos.

Los amigos de verdad te aceptan tal cual eres. Te apoyan si estás triste o si tienes un problema. Guardan tus secretos y saben qué te hace reír. Y lo mejor de todo: te quieren, y tú los quieres a ellos.

No hay un número mágico de amigos que sea "correcto" o que te haga ser "genial". ¿Eres de los que prefieren tener pocos amigos pero muy cercanos? ¿O prefieres los grupos grandes en los que conoces a muchas personas? No hay reglas sobre cuántos amigos hacen falta para ser feliz.

- Puedes tener un mejor amigo (o dos).
- Puedes tener hermanos, primos u otros parientes que también sean amigos.
- Puedes tener un puñado de amigos cercanos.
- Puedes tener amigos que vivan lejos y con los que te contactes más que nada por redes sociales.

- Puedes tener grupos de amigos en lugares a los que vas seguido (la escuela, una cancha, un templo, tu vecindario, un grupo de exploradores o algún programa de voluntariado).

- Puedes tener amigos peludos... o con plumas, aletas o escamas.

Amigos versus clanes

¿Hay diferencias entre un grupo de amigos y un clan? Puede haberlas. Mira algunas de las cosas que los clanes y los grupos de amigos tienen en común. Si eres parte de un clan o un grupo de amigos:

- puedes aprender a llevarte bien con los demás;
- tienes la posibilidad de hacer proyectos con ellos, ser sociable y divertirte;
- puedes acercarte a otros chicos, conocerlos y tener confianza con ellos.

Pero estar en un clan puede acarrear **GRANDES** consecuencias...

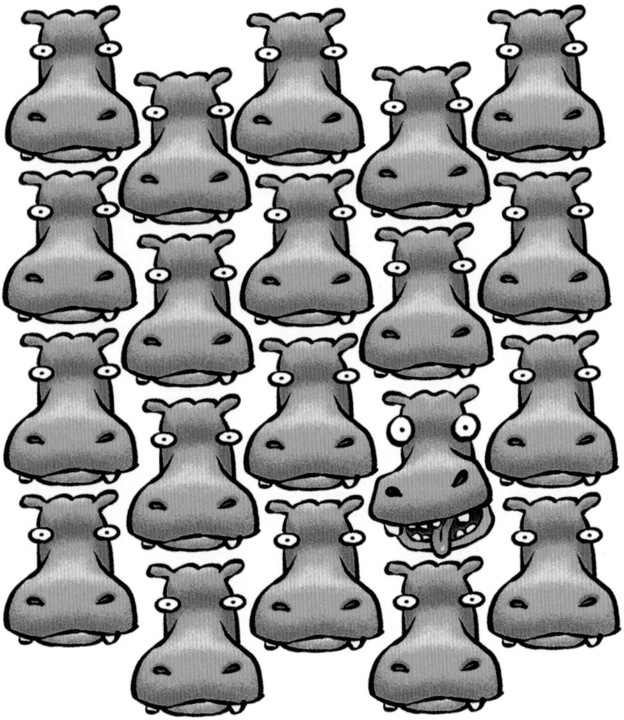

La diferencia es que los clanes suelen hacer que los miembros *se ajusten*. Es decir que quizá debas pensar, actuar, hablar y vestirte como los demás miembros del clan. ¿El resultado? Podrías sentir que estás siendo falso, porque actúas como los demás esperan en lugar de ser como tú eres.

Y recuerda: los clanes *excluyen* a las personas, o las dejan afuera. El clan o sus líderes deciden quién puede entrar y quién no. Las personas quedan excluidas por todo tipo de razones (y ninguna es buena).

Razones como estas:

etnia

CREENCIAS RELIGIOSAS

raza

aspecto

familia

ascendencia

discapacidad

tamaño/peso

identidad sexual o de género

SITUACIÓN ECONÓMICA

ideas políticas

dónde viven

desempeño en deportes o competencias

nombre

ropa/calzado/dispositivos electrónicos

calificaciones

HÁBITOS

edad

INTERESES

cuán «nuevos» son en la escuela, el vecindario o la comunidad

A nadie le gusta que lo excluyan por *ningún* motivo. Y lo cierto es que hasta los ADULTOS excluyen por cosas como esas. Dejar afuera a otros para sentirse mejor es un mal hábito que puede durar toda la vida.

Ser excluido es doloroso. Duele si el excluido eres *tú*, pero también duele si estás en un grupo y ves que otros quedan afuera. Probablemente notes el dolor que puede causar la exclusión. Y en el fondo, sabes que no está bien faltarles el respeto a los demás.

Si te están excluyendo, busca amigos que te incluyan y a quienes les agrades por todas tus cualidades. Forma un club o tu propio grupo basado en la **inclusión.** Recibe a los demás. Observa cómo crece.

¿Estás con las personas equivocadas?

Hazte estas preguntas:

• ¿Siento que debo comportarme de cierta forma para que me acepten?
• ¿Me siento falso?
• ¿El grupo rechaza que forme amistades con otras personas?
• ¿Parece que siempre debo conseguir la aceptación de los demás miembros del grupo?
• ¿Me siento fuera de lugar con estas personas?

Si respondiste "sí" a alguna de estas preguntas, quizá te convenga pensar en buscar otros amigos. Trata de formar un nuevo círculo de amistades con chicos que te dejen ser como eres, también conocidos como amigos *de verdad*.

A veces, los niños y los adolescentes se unen a clanes porque están más cómodos siendo "seguidores" que "líderes". Durante un tiempo, puede parecer más fácil dejar que los demás tomen la delantera. Pero ¿qué pasa si el líder de un clan te alienta a ser grosero o agresivo? ¿Qué pasa si te mandonea? ¿Y si decides que al final no quieres seguir a los demás?

Recuerda que no eres "empleado" del clan. ¡No es tu trabajo seguir sus órdenes! Puedes tomar tus propias decisiones. También puedes buscar amigos nuevos. (En la página 90 encontrarás consejos para abandonar un clan).

Ideas amistosas

Si quieres tener amigos nuevos (o si quieres tener más amigos), solo tienes que buscarlos. No hace falta que sean de tu escuela. No hace falta que sean de tu misma edad o raza ni de tu mismo género. Puedes ser amigo de alguien que esté en un grado más bajo o más alto que tú, o incluso de un vecino anciano. Puedes ser amigo de un chico o de una chica. Te sorprendería lo mucho que puedes aprender de las personas que no son exactamente iguales que tú.

Las amistades no suceden así nomás. Lleva esfuerzo de tu parte hacer amigos y conservarlos. De hecho, la amistad es algo en lo que puedes mejorar un poquito cada día.

Hacer amigos: qué sí y qué no

SÍ habla con los demás. Si al principio te da timidez, solo di algo agradable como: "Qué buena mochila". O haz una pregunta como: "¿Sabes qué hay de tarea para hoy?". Con la práctica, iniciar una conversación será más fácil.

NO te quedes todo el día en casa mirando televisión, hurgándote la nariz, jugando videojuegos, mirando el teléfono o delante de la computadora. Así no conocerás a nadie, y quizás una araña te teja una telaraña en la cabeza.

SÍ intenta hacer sentir bien a otras personas. Haz preguntas para demostrar interés en ellas. Prueba con algo como: "Vi que dibujas muy bien. ¿Tienes dibujos para mostrarme algún día?". Halaga a los demás. Por ejemplo, puedes decir: "Buena atrapada" o "Qué inteligente lo que dijiste hoy en clase".

NO se te ocurra acercarte a alguien y decirle algo como: "¡Sé mi amigo o lo lamentarás!". No puedes obligar a nadie a ser tu amigo.

SÍ invita a los demás a sumarse. Invita a otros chicos a pasar el rato contigo o a sentarse contigo en el almuerzo, o crea un club y averigua si otras personas quieren unirse. Invita a alguien a intercambiar mensajes o a ser amigos en línea. Así, las personas podrán conocerte mejor.

NO invites a toda la clase a tu casa a comer *pizza* hasta el hartazgo, ni compres 35 *pizzas* de *pepperoni* con la tarjeta de crédito de tu mamá y le des las sobras al gato. Esto podría causarte muchos problemas.

SÍ aprende a escuchar a los demás. Si eres el único que habla, es posible que aburras a la otra persona (quizás incluso a ti mismo). Cuando hables con las personas, debes *escucharlas* de verdad y *prestar atención* a lo que dicen. Míralas a los ojos y asiente con la cabeza para hacerles saber que entiendes.

NO hagas alardes, no acapares la atención ni presumas y después, cuando todos te ignoren, subas el volumen y hables MÁS FUERTE. Solo conseguirás que las personas se alejen.

SÍ habla con el "chico nuevo". Si alguna vez te has mudado de vecindario o has cambiado de escuela, sabes lo que se siente ser el nuevo (estás solo, te sientes raro y asustado). Haz el esfuerzo de conocer a los chicos nuevos, y probablemente les caigas bien enseguida. Muéstrales la escuela o el vecindario, siéntate con ellos en el almuerzo o preséntales a otras personas que conozcas.

NO exageres. (Sí, es posible ser *demasiado* amigable). Si te plantas delante de la persona nueva y le dices: "¡Hola! Me encantaría ser tu amigo porque eres nuevo, y creo que pareces muy buena persona, y necesito tener un amigo y bla, bla, bla y...", estás diciendo muchas cosas muy rápido. Si ves que vuela saliva de tu boca, respira hondo y habla más lento.

SÍ incluye a otras personas. Recuerda que los clanes tienden a dejar afuera a otras personas. No dejan que cualquiera ande con ellos. Es mucho más amistoso *incluir* a otras personas en situaciones sociales, aunque no las conozcas bien o aunque no sean como tú.

NO vayas por ahí diciéndoles a los demás que son fracasados, imbéciles, bobos, tragalibros, papanatas, tontines, debiluchos u otras cosas feas, ni en persona ni en línea. Eso no es amistoso ni agradable. Además, se correrá la voz y los demás terminarán pensando que es mejor evitarte.

Te damos un **GRAN** consejo para hacer amigos:

Seis formas de ser amistoso

1: ¡Sonríe! Es mejor que andar con el ceño fruncido.

2: Saluda a las personas en el pasillo o en clase, incluso si no las conoces mucho.

Al principio, quizá te miren un poco raro (como si pensaran "¿*Conozco* a esta persona?"), pero pronto todos se darán cuenta de que solo lo haces por simpatía.

3: Halaga por lo menos a una persona al día. Pero no digas algo como: "Vaya, qué bien tienes el pelo, para variar". Asegúrate de que el halago sea algo que de verdad te gusta sobre la persona.

¡Seguro que hicieron trampa!

4: Debes saber perder en los juegos o en cualquier otra competencia. Es una actitud mucho más amistosa que irse dando pisotones y gritando con todas tus fuerzas: "¡No puedo creer que hayan ganado esos perdedores!".

5: Habla con otras personas antes o después de clase, o cuando estés junto a tu casillero, esperando el autobús o haciendo una fila. Cada persona con la que hables es un posible amigo.

CONSEJO: Evita hablar con las personas *durante una clase*. A los maestros no les gusta nada eso.

6: Sé amable cuando estés en internet. Solo publica cosas que sean *positivas*. No uses las redes sociales para enviar mensajes ofensivos ni imágenes groseras. Y no participes en encuestas o chats maliciosos. Defiende a tus amigos en línea, y defiéndete a ti también.

¿Cómo se resume todo esto? Como buenas destrezas interpersonales. Con esas destrezas, eres alegre, amable, positivo, generoso o gracioso.

Puedes pulir tus destrezas interpersonales. ¿Cómo? Sonríeles a todas las personas que veas, ríe mucho, muestra la confianza que te tienes, trata bien a tus compañeros, escucha a tus maestros y no temas ser como eres. Así atraerás amigos nuevos. Te verán como alguien muy agradable. Quizás hasta te conviertas en...

UN IMÁN PARA LAS PERSONAS.

Capítulo 5

¿Es importante ser popular?

Muchos niños y adolescentes quieren ser populares más que nada en el mundo. ¿Alguna vez has pensado estas cosas?

- "Ojalá fuera popular".
- "Si fuera popular, sería feliz".
- "Tal persona es mucho más popular que yo".
- "¡Mi vida sería muchísimo mejor si yo fuera popular!".

La verdad sobre la popularidad

Ser popular puede ser divertido. Tal vez te sientas importante y querido. La popularidad puede darte una sensación de pertenencia y de que tienes muchas cosas divertidas para hacer.

Pero muchos piensan que la popularidad es mucho más importante de lo que en realidad es. Estas son solo algunas cosas que son más importantes:

- tu familia
- tus verdaderos amigos
- tus tareas escolares
- tus pasatiempos, actividades e intereses
- tu mascota
- tus objetivos y sueños
- cómo te cuidas a ti y a los demás
- y, más que nada, lo que opinas de ti mismo

¡¿Quieres saber algo **ultrasecreto**, sorprendente e impactante?! (Da vuelta la página).

Cuando las personas desean ser populares, muchas veces, en realidad quieren sentirse bien consigo mismas.

Tal vez pienses que los chicos populares son los más geniales del planeta. Tal vez creas que no eres nadie. ¡No es cierto! Eres una persona única que tiene mucho para ofrecer al mundo. Solo necesitas decírtelo... y creerlo.*

*Si te cuesta creer esto, consulta la página 74 para ver cómo puedes pensar de manera positiva sobre ti mismo.

Cuestionario sobre la popularidad

¿Verdadero o falso? Los chicos populares siempre son:

1. los más lindos
2. los mejor vestidos
3. los más atléticos

4. los más felices
5. los más fuertes
6. los más ricos

7. los más geniales
8. los más talentosos
9. los más listos
10. los que tienen las mejores cosas

Respuestas: **1.** falso | **2.** falso | **3.** falso | **4.** falso
5. falso | **6.** falso | **7.** falso | **8.** falso | **9.** falso | **10.** falso

Algunos de los chicos populares que conoces quizás sean lindos, buenos deportistas, se vistan bien, y otras cosas, pero esas cualidades no son *garantía* de popularidad.

Lo que cuenta no es solamente lo que se ve desde afuera. Lo de *adentro* importa mucho más. Estas son algunas cualidades internas que dan verdadero valor a una persona:

amabilidad

honestidad

curiosidad

inteligencia

RESPETO POR LOS DEMÁS

integridad

generosidad

humor

interesarse por los demás

tener una actitud abierta
y ser cordial

Piensa en ti de forma positiva

¿Pasas horas preguntándote si eres popular? ¿Sueles pensar que otros chicos son mejores que tú? ¡Alto! ¡Detente!

Mejor concéntrate en sentirte bien contigo mismo. Con la práctica, puedes convertir esos pensamientos negativos en positivos. Prueba esto:

En lugar de:

Mejor di:
"Tengo amigos a los que les importo de verdad. Eso es mucho más valioso que tratar de agradarle a *todo el mundo*".

Dos mitos sobre la popularidad

MITO 1 **Las personas populares son mejores que todos los demás.**

¡VE A BAÑARTE!

¡TONTERÍAS! ¡PAMPLINAS! ¡PURAS MENTIRAS!

Las personas populares no son mejores que el resto. Los chicos populares son seres humanos, como cualquiera: tienen problemas, esperanzas, sueños, preocupaciones, miedos, días buenos y días malos como los demás.

MITO 2 **Para ser popular, tienes que tratar mal a algunos chicos.**

¡FALSO COMO SALAME DE CAUCHO!

La popularidad no consiste en hacer que los demás *no* se sientan populares. Tampoco es decirles a otros chicos que no son aptos para estar contigo. Puedes ser popular *y* buena persona a la vez.

Una pregunta para ti

¿Eres popular para ti mismo? (No te preocupes, no es una pregunta engañosa).

Si basas la imagen que tienes de ti mismo en lo que piensan *otras personas*, en lugar de basarte en lo que piensas *tú*, siempre te parecerá que no estás a la altura. O pasarás mucho tiempo tratando de complacer a todo el mundo. De cualquier modo, te estás tratando con demasiada exigencia.

Unos consejos útiles

- Sé tal cual eres.
- Aprende a apreciarte.
- Sé amable con los demás.

Ese es el *verdadero* secreto para ser alguien a quien los demás respeten y aprecien. Ser popular es opcional.

Capítulo 6

Cuando los clanes son una mala noticia para los buenos

¿Qué tienen en común los clanes y la popularidad? Muchos niños y adolescentes quieren ser populares o estar en un clan porque la *necesidad de pertenecer* a un grupo es muy fuerte. Quieren que los acepten, les den el visto bueno y los admiren. (Quizá tú te sientas así casi todo el tiempo). Es totalmente normal querer pertenecer. Todos queremos eso, en cierto punto.

Pero ¿qué pasa cuando los que están **ADENTRO** te dejan **AFUERA?** ¿O qué pasa si, por más amistoso que seas, un clan decide darte vuelta la cara o trata de hacerte sentir mal contigo mismo?

Ay, es que estás tratando con un **CLAN.** ¡Y eso no tiene **NADA DE BUENO!**

La Gaceta Falsa
Clan rechaza a buena persona

Los clanes son una mala noticia

Un clan puede hacerte sentir mal *de verdad*. Quizá sientas el estómago revuelto (como cuando comes muchos dulces) o tengas miedo (como cuando tienes un examen importante de Matemáticas para el que —¡AY!— te olvidaste de estudiar).

Quizás hasta te den ganas de hacer algo feo y malo, algo que haga que el clan se sienta tan horrible como tú.

CONSEJO ÚTIL:

Es una *muuuuy* mala idea.

Los cuatro peores trucos para tratar con clanes maluchos

Estas ideas son geniales... solo si quieres empeorar las cosas. ¡No las pruebes! Más adelante en este capítulo, también encontrarás formas más inteligentes de lidiar con un clan que te hace sentir mal.

1: Ignorar al clan. Hacer eso es como limpiar tu habitación metiendo todo en el armario y cerrando la puerta de un golpazo. Tarde o temprano, tendrás que abrir la puerta y... ¡UOOO! ¡CUIDADO! Te sentirás mejor si enfrentas los problemas en lugar de fingir que no existen.

2: Vengarte del clan. No lances una cucharada de guisantes contra la mesa de los "populares". Solo conseguirás que se enojen contigo.

3: Buscarte enemigos del clan. Si tratas de amenazar o avergonzar a los miembros del clan, quizá termines siendo un blanco móvil y debas correr a refugiarte en los pasillos de la escuela. (Entonces terminarás sintiéndote aún *peor* cuando tengas que levantarte para ir a la escuela).

Y si intentas vengarte del clan por las redes sociales, eso también puede salirte mal. Tal vez te parezca que allí eres "anónimo", pero es riesgoso publicar mensajes agresivos o maliciosos en línea. Posiblemente te descubran. Y es probable que haya consecuencias en casa y en la escuela.

4: Ser falso para impresionar al clan. Las personas huelen la falsedad a un kilómetro de distancia. Es mejor ser tal cual eres.

¿Y qué es lo que *sí* debes hacer?

¡No dejes que un clan feo te arruine un día bonito!

Si no te llevas bien con un clan o con los populares, quizá te sientas triste y rechazado. Pero hay alternativas para lidiar con esa situación. (No, ¡no hace falta que te mudes al Polo Norte!).

Puedes...

ATREVERTE A SER DIFERENTE.

Hola.

Está bien ser diferente

Ser diferente no quiere decir que seas raro, extraño ni poco popular. Quiere decir que piensas de forma independiente, que eres un individuo. Quiere decir que eres una persona interesante, creativa, considerada y valiosa... con o sin un grupo.

¿Quieres aprender a ser un individuo? Primero, debes creer en ti. Identifica tus fortalezas y aprovéchalas. Tal vez seas artista, chistoso, solidaria, soñadora, amante de los animales, lector o alguien a quien le gusta estar al aire libre. ¿Cuál de tus cualidades puede ayudarte a ganar confianza e interactuar con otros? ¿Qué planes puedes hacer para compartir lo que eres?

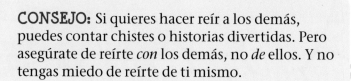

CONSEJO: Si quieres hacer reír a los demás, puedes contar chistes o historias divertidas. Pero asegúrate de reírte *con* los demás, no *de* ellos. Y no tengas miedo de reírte de ti mismo.

Interactúa con otros de formas positivas: hablando cara a cara, escribiendo notas bonitas, siendo amistoso en línea, invitando a otros a sentarse contigo en la escuela, e incluyendo a otros en juegos, deportes y actividades al aire libre.

También puedes hacer cosas con chicos que te resulten divertidos e interesantes, aunque no vayan a tu escuela. Únete a un equipo, súmate a un grupo de niños exploradores, busca un club comunitario, únete al grupo de jóvenes de un templo u ofrécete como voluntario. Si participas en muchas actividades, tendrás más posibilidades de conocer a otras personas y aprender cosas nuevas sobre ti mismo.

Consejos para decirle adiós a un clan

A veces, los chicos sienten la necesidad de abandonar su clan. Es como una separación. Las separaciones no son sencillas, pero *se puede* salir adelante.

No hace falta hacer un anuncio por altoparlante ni una transmisión por redes sociales. Primero, hazte amigos fuera del grupo. Si los miembros del clan te presionan para que *solo* seas amigo de quienes están en su "lista de aprobados" imaginaria, puedes decir: "Yo decido por mí mismo". Para esto hace falta valentía. ¡Búscala en tu interior! Si necesitas más ayuda, habla con tus padres, tus maestros o con el consejero de tu escuela.

¡Me voy de este clan!
SALIDA

Ocupa tu tiempo con actividades nuevas para tener cosas positivas que hacer. Practica un deporte, únete a un club, inicia una actividad, toma clases, pasa tiempo en la biblioteca o en el centro comunitario, invita a alguien a tu casa, acepta si alguien te invita a ti. Si tienes la agenda llena, no tendrás mucho tiempo para dedicarle al clan. Con el tiempo, los miembros del clan verán que has seguido adelante sin ellos.

Gracias por invitarme.

Cuidado con los clanes que usan las redes sociales para influenciarte. No respondas a faltas de respeto, rumores o chismes en línea. Solo publica en tu perfil información y fotos que quieras que todos vean: lo que se publica en línea, queda en línea. Que tus mensajes sean privados. Evita participar en acciones de ciberacoso (acoso que ocurre en internet, por mensajes de texto o por otros medios digitales). Si eres víctima de acoso, bromas o conductas dañinas, habla con adultos de tu confianza.

Eliminar.
¡Eliminar!

La amistad es importante

Recuerda que siempre tienes la posibilidad de escoger a tus amistades. Puedes buscar a otros chicos o chicas para pasar el rato si un clan no te quiere (o si tú no quieres al clan). Puedes decidir que ser popular entre tus *amigos* es la única popularidad que importa de verdad. Tú eliges.

Si tienes uno o dos buenos amigos, ¡genial! Pero no es obligación que sean los únicos. Usa tus destrezas interpersonales para hacer algunos amigos más en la escuela intermedia y en las etapas que vengan después. Al fin y al cabo, es lindo contar con personas que te quieran por ser como eres.

Las 10 mejores formas de conservar a tus amigos

10. Trátalos bien y con respeto.
9. Defiéndelos si tienen un problema.
8. Si haces una promesa, cúmplela.
7. Di la verdad (pero de buena manera).
6. Apoya a tus amigos cuando necesiten ayuda o consejos.

5. Cultiva tus amistades. Escucha a tus amigos, pasa tiempo con ellos y apóyalos. Si no, quizá se sientan abandonados.

4. No trates de cambiar a tus amigos: acéptalos tal como son.

3. Trata a tus amigos como quieres que te traten a ti.

2. Si lastimas a un amigo, discúlpate.

1. Si un amigo te lastima y te pide perdón, acepta la disculpa.

Y una cosa más:

Siempre da las gracias por los amigos que tienes.

Son geniales, chicos.

Lee más sobre el tema

Aprende a defenderte. Poder personal y autoestima de Gershen Kaufman y Lev Raphael. Pax México, 2006. Este clásico ofrece ayuda a todos los niños y adolescentes a quienes hayan molestado en la escuela, mandoneado, acusado de cosas que no hicieron o tratado de forma injusta.

KidsHealth: "¿Por qué los grupos cerrados hacen que los niños se sientan rechazados?"
kidshealth.org/es/kids/clique.html
Descubre qué son los grupos cerrados, camarillas o clanes, por qué pueden ser perjudiciales para quienes están fuera y dentro de ellos, y qué puedes hacer para sentirte mejor. También encontrarás enlaces a artículos sobre cómo manejar la presión de pares, cómo pueden ayudarte los consejeros escolares y cómo sentirte bien contigo mismo.

The Survival Guide for Making and Being Friends de James J. Crist. Free Spirit Publishing, 2014. Este manual para niños y adolescentes incluye consejos prácticos y claros para todo tipo de cosas, desde cómo romper el hielo hasta cómo cultivar amistades y superar problemas.

The Worst-Case Scenario Survival Handbook: Middle School de David Borgenicht, Ben H. Winters y Robin Epstein. Chronicle Books, 2009. Obtén consejos graciosos pero realistas para lidiar con todo tipo de percances de la escuela intermedia, por ejemplo, qué hacer si te ignora un amigo que se ha vuelto muy popular, cómo parar un rumor en seco y cómo ser popular de verdad.

Índice

Acerca de los autores y el ilustrador

Trevor Romain es un galardonado autor e ilustrador, así como un solicitado orador motivacional. Se han vendido más de un millón de ejemplares de sus libros, que se publicaron en 18 idiomas. Durante más de 20 años, Trevor ha viajado por el mundo para dar charlas a miles de niños y adolescentes. También es conocido por su trabajo en distintas organizaciones como Make-A-Wish Foundation, las Naciones Unidas, UNICEF, USO y Comfort Crew for Military Kids, de la que es cofundador. Trevor vive en Austin, Texas.

Elizabeth Verdick ha escrito libros para chicos y chicas de todas las edades, desde niños pequeños hasta adolescentes. Ha trabajado con Trevor en muchos libros de la serie Laugh & Learn®. A Elizabeth le encanta ayudar a niños y adolescentes a través de su trabajo como escritora y editora. Vive en Minnesota con su esposo y sus dos hijos (ya bastante crecidos), y hace de policía de tránsito para sus muchos amigos peludos de cuatro patas.

Steve Mark es ilustrador independiente y también trabaja parte del tiempo como titiritero. Vive en Minnesota, está casado y es padre de tres hijos. Steve ha ilustrado todos los libros de la serie Laugh & Learn®, incluidos *Don't Behave Like You Live in a Cave* y *El acoso es algo muy doloroso.*

Para conocer más títulos de la serie Laugh & Learn® de Free Spirit, visite freespirit.com.